Inhalt

Trennungskultur

Kernthesen

Beitrag

Fallbeispiele

Weiterführende Literatur

Impressum

Trennungskultur

I. Zeilhofer-Ficker

Kernthesen

- Trennungskultur beschreibt, wie das Management eines Unternehmens mit notwendigem Personalabbau umgeht.
- Professionelles Kündigungsmanagement ist überlebenswichtig, da unprofessionelle Entlassungen enorme Kosten sowie große Imageverluste bei den verbleibenden Mitarbeitern und Geschäftspartnern verursachen können. (1)
- Sozialverträglicher Personalabbau beinhaltet auch Hilfestellung beim Finden einer neuen Arbeitsstelle durch z. B. Outplacement-Beratung, Transfergesellschaften und anderen Qualifizierungs- und Vermittlungsmaßnahmen. (3), (4)

Beitrag

Gründe für Personalabbau

Themen wie Konjunkturflaute, Insolvenzen und Restrukturierungsmaßnahmen beherrschen zurzeit die Wirtschaftspresse. Viele Firmen leiden unter der momentanen Wirtschaftssituation und sind zu massiven Kosteneinsparungen gezwungen. Insolvenzen häufen sich, Fusionen und Firmenübernahmen sind an der Tagesordnung. Prognosen, die für das zweite Halbjahr 2002 einen wirtschaftlichen Aufschwung ankündigen, werden mittlerweile als sehr unsicher bewertet. Namhafte Wirtschaftsexperten sehen eine Erholung frühestens für 2003 voraus.

Personalkosten sind für viele Unternehmen ein wesentlicher Kostenfaktor. Personalabbau wird deshalb in Zeiten wirtschaftlicher Schwierigkeiten als eines der ersten Mittel zur Kostensenkung angesehen. Durch Stilllegung von Geschäftsbereichen zur Konzentration auf Kernkompetenzen oder durch Fusionen und Übernahmen werden ganze Abteilungen überflüssig, durch Insolvenzen stehen plötzlich Tausende von Mitarbeitern vor der Arbeitslosigkeit. (3), (7), (8)

Was ist "Trennungskultur"?

Obwohl jedes namhafte Unternehmen beteuert, sozialverträglichen Personalabbau betreiben zu wollen, sind Entlassungen oft unvermeidbar. Dass unprofessionelle Kündigungen oder Versetzungen jedoch große wirtschaftliche Schäden anrichten können, rückt erst seit kurzem in den Vordergrund. Vor allem bei den verbleibenden Mitarbeitern sowie bei Geschäftspartnern kann ein schlechtes Kündigungsmanagement zu großen Image- und Vertrauensverlusten führen. Der Begriff Trennungskultur beschreibt, wie in einem Unternehmen mit notwendigem Personalabbau umgegangen wird, wie entschieden wird, welche Mitarbeiter entlassen werden, wie mit den Mitarbeitern über die Kündigung gesprochen wird und ob und wie die Gekündigten beim Finden einer neuen Arbeitsstelle unterstützt werden. Zur Thematik gehören aber auch Maßnahmen, die helfen, Entlassungen zu vermeiden. (1)

Welche Mitarbeiter entlassen

Sozialauswahl

War es in den vergangenen Jahrzehnten notwendig, Personal zu entlassen, so wurde die Auswahl der Betroffenen meist von sozialen Faktoren abhängig gemacht. Wo viele Mitarbeiter das Gleiche tun, ist eine Auswahl nach sozialen Kriterien auch heute noch machbar. In Sozialplänen wird festgelegt, dass z. B. alleinlebende Singels als Erste gehen müssen, allein verdienende Familienväter mit langjähriger Betriebszugehörigkeit haben die besten Chancen, ihren Job zu behalten. Zu bedenken ist aber, dass durch die Sozialauswahl kaum die leistungsstärksten Mitarbeiter im Betrieb verbleiben.

Rasenmäher und Chirurg

Bei der Entscheidung nach der "Rasenmäher-Methode" bestimmt die Führungsspitze eines Unternehmens, welcher Prozentsatz des Personals abgebaut werden muss. Jede Abteilung hat dieser prozentualen Vorgabe zu folgen, ohne Rücksicht darauf, ob die Abteilung produktiv oder unproduktiv arbeitet. Im Detail kann die Abteilung selbst entscheiden, welche Mitarbeiter gehen müssen. Werden jedoch durch die Kündigungen Funktionen beschnitten, die für die Firma überlebenswichtig sind, ist der durchgeführte Personalabbau oft der erste Schritt in die endgültige Insolvenz. (2)

Bei der "chirurgischen Methode" sieht man sich die einzelnen Abteilungen genau an, bevor man entscheidet, auf welche Mitarbeiter verzichtet werden kann. Dabei muss auch berücksichtigt werden, welche Talente man in der Zukunft braucht und wie es mit der Firma weitergehen soll. Das Ergebnis kann sein, dass ganze Abteilungen aufgelöst werden, weil sie nicht zu den Kernkompetenzen des Unternehmens gehören, oder Geschäftsbereiche werden stillgelegt, weil sie Verlust bringend arbeiten. (1), (2), (5)

Wie Personal abbauen

- Ist abzusehen, dass der Personalstand verringert werden muss, wird in der Regel ein **Einstellungsstopp** verhängt. Durch Fluktuation frei werdende Stellen, auch an anderen Standorten, werden mit Mitarbeitern besetzt, die sonst ihren Arbeitsplatz verlieren würden. Für entsprechende Umschulungen oder Weiterbildungsmaßnahmen sorgt das Unternehmen.- Für ältere Mitarbeiter können **Vorruhestandsvereinbarungen** oder **Altersteilzeitregelungen** eine interessante Option sein, die dem Unternehmen Personalkosten einspart.-

Eine **Verkürzung der Tagesarbeitszeit** kann eine wünschenswerte Alternative zum Verlust des Arbeitsplatzes sein, die für beide Seiten Vorteile bringt.- Da **betriebsbedingte Kündigungen** häufig in teuren und langwierigen Arbeitsgerichtsprozessen enden, versuchen viele Firmen, **Aufhebungsverträge** mit den Mitarbeitern zu schließen. Neben mehr oder weniger hohen Abfindungen können zusätzliche Qualifizierungsangebote oder ähnliche Hilfsmaßnahmen bei der Jobsuche den Mitarbeiter zum Verlassen der Firma in gegenseitigem Einvernehmen veranlassen. (5)
- Will man das Personal zum möglichst baldigen Ausscheiden aus dem Unternehmen bewegen, können zusätzlich zu den Abfindungen "Sprintprämien" angeboten werden, wenn Mitarbeiter bis zu einem bestimmten Termin ausscheiden. (9)

Das Kündigungsgespräch

Sowohl erfahrene als auch jüngere Führungskräfte haben häufig Angst vor dem Kündigungsgespräch mit ihren Mitarbeitern. Kündigungen auszusprechen gehört zu den heikelsten Managementaufgaben. Ein Trennungsgespräch darf nicht verletzend sein, das Selbstwertgefühl des Betroffenen muss erhalten bleiben. Es sollte in einem ruhigen, uneinsehbaren

Raum ohne jegliche Störung stattfinden und die Trennungsbotschaft muss in den ersten fünf Sätzen des Gesprächs enthalten sein. Da die Betroffenen meist nicht mehr aufnahmefähig sind, nachdem sie die Kündigung erhalten haben, sollten die Konditionen bzw. das Aufhebungsangebot schriftlich ausgehändigt werden. Damit die Motivation der verbleibenden Mitarbeiter nicht noch weiter sinkt, ist es oft sinnvoll, den gekündigten Mitarbeiter noch am selben Tag freizustellen. Eine umgehende Information der Verbleibenden, der sogenannten "Survivors", ist sofort durchzuführen. (1), (5), (6)

Hilfen nach der Kündigung

Ein professionelles, faires, wirtschaftliches Kündigungsmanagement zeichnet sich dadurch aus, dass es nicht mit der Kündigung selbst zu Ende ist. Das Unternehmen macht dem entlassenen Mitarbeiter verschiedene Hilfsangebote für seinen zukünftigen Berufsweg. Durch diese Angebote zeigen die Unternehmen, dass sie ihre entlassenen Mitarbeiter nicht im Stich lassen und können dadurch Imageverluste vermeiden. (7)

Jobbörsen/Transferangebote

In größeren Firmen besteht oft die Möglichkeit, zu einem anderen Standort oder zu einer andere Abteilung zu wechseln. Das Unternehmen hilft dem Mitarbeiter bei der Suche nach einer passenden Stelle und bietet - sofern erforderlich - Qualifizierungsmaßnahmen an. Manche Firmen richten auch Jobbörsen ein, um ihre Mitarbeiter weiterzuvermitteln. (4)

Outplacement- oder Karriere-Beratungen

Konnten früher fast ausschließlich hoch bezahlte Führungskräfte die Dienste eines Outplacement-Beraters nach einer Kündigung in Anspruch nehmen, entscheiden sich heute immer mehr Firmen, einen Teil des Sozialplan-Budgets für Qualifizierungs-, Vermittlungs- und Beratungsmaßnahmen für alle Betroffenen auszugeben. In Gruppen-Outplacements lernen gekündigte Mitarbeiter, worauf es bei Bewerbungen ankommt, in Einzelgesprächen mit Karriere-Beratern wird geholfen, berufliche Alternativen zu finden oder besondere Stärken oder Talente zu vermarkten. Die Betreuung erstreckt sich oft bis zur Neuvermittlung inklusive der Probezeit. Einige Firmen ziehen es vor, das Coaching sowie die Hilfe bei der Stellensuche von Betriebsräten oder Personalmanagern durchführen zu lassen, anstatt einen externen Berater in Anspruch zu nehmen. (2), (4), (7), (8)

Transfergesellschaften

Durch das 2002 in Kraft getretene "Job-Aqtiv-Gesetz" ist es jetzt auch kleinen Betrieben möglich, das Instrument "Transfergesellschaft" zu nutzen. Voraussetzung ist, dass mindestens 20 Prozent der Belegschaft von der Entlassung betroffen sind.

Eine Transfergesellschaft fungiert für eine Dauer von bis zu 24 Monaten als Ersatzarbeitgeber. Die betroffenen Mitarbeiter beenden das alte Arbeitsverhältnis durch einen Aufhebungsvertrag und schließen mit der Transfergesellschaft einen befristeten Anstellungsvertrag. Für die vereinbarte Dauer erhalten die Mitarbeiter in der Regel 67 Prozent des bisherigen Nettolohns als Kurzarbeitergeld vom Arbeitsamt. Die Transfergesellschaft zahlt für Urlaubszeiten und Feiertage und übernimmt die Sozialversicherungsbeiträge. Die Gesamtfinanzierung der Transfergesellschaft erfolgt zu 60 Prozent aus öffentlichen Mitteln und zu 40 Prozent durch die Arbeitgeber. Die Transfergesellschaft verpflichtet sich, die Arbeitnehmer zu qualifizieren und sie beim Bewerbungsverfahren und bei der Vermittlung in ein neues Beschäftigungsverhältnis umfassend zu unterstützen. (3), (10), (13)

Personalabbau vermeiden - aber wie?

Die momentane Wirtschaftsflaute hat Diskussionen angekurbelt, ob das sogenannte Normalarbeitsverhältnis heute noch zeitgemäß ist. Es gibt aber bereits heute viele Alternativen, die den Firmen die gewünschte Personal-Flexibilität bieten. Hier die wichtigsten Beispiele, wie Personalkosten eingespart werden können, ohne Stammpersonal zu entlassen:

Leiharbeiter und befristete Arbeitsverträge

Gerade in Zeiten von wirtschaftlicher Unsicherheit wollen Firmen Personal nicht langfristig binden, sondern kurzzeitige Personalengpässe überwinden. Befristete Arbeitsverträge, versehen mit der Vereinbarung, dass auch ordentlich gekündigt werden kann, sind in vielen Fällen die optimale Lösung. Zeitarbeitsfirmen decken mittlerweile alle Arbeitsbereiche ab, die Zuwachsraten von Leiharbeitern sind beträchtlich. Diese Zeitarbeiter können sofort nach Hause geschickt werden, wenn man sie nicht mehr braucht, ein langwieriges, teures Kündigungsverfahren erübrigt sich. (11), (12)

Lohnkürzungen

Vorausschauende Unternehmen sehen bei Einstellungs- und Tarifverträgen die Möglichkeit vor, in bestimmten wirtschaftlichen Situationen Gehaltsanteile oder Bonuszahlungen zu streichen. Die dabei erzielten Kosteneinsparungen werden aber von den Mitarbeitern in der Regel nur hingenommen, wenn ihnen dafür der Erhalt ihres Arbeitsplatzes garantiert wird. (12)

Arbeitszeitverkürzung

Langzeitkonten

bieten die Möglichkeit, wirtschaftlich schwache Zeiten zu überbrücken, indem die früher angesammelten Überstunden abgebaut werden. Die hierfür gebildeten Rückstellungen werden aufgelöst, so dass sich eine vorübergehende Entlastung bei Personalkosten ergibt. (12)

Bei der **Verkürzung der individuellen Arbeitszeit** kann es sich um die Umwandlung eines Vollzeit- in ein Teilzeitarbeitsverhältnis handeln, es kann aber auch die Vereinbarung eines längeren, unbezahlten oder geringer bezahlten Urlaubs bedeuten. Diese Sabbatical- oder Timeout-Programme werden gerne von "Wissensarbeitern" angenommen, die die Zeit als kreative Pause nutzen. (12)

Ein Klassiker ist die **Kurzarbeit**, die angemeldet werden kann, wenn mindestens ein Drittel eines Gesamtunternehmens oder einer Abteilung von einem vorübergehendem Arbeitsausfall betroffen ist, der mehr als 10 Prozent Entgeltausfall im Monat verursacht. Dafür kann vom Arbeitsamt Kurzarbeitergeld in Anspruch genommen werden. In der Regel wird Kurzarbeitergeld für bis zu 6 Monate genehmigt, bei komplettem Arbeitsausfall zahlt das Arbeitsamt zwischen 60 und 67 Prozent des monatlichen Nettoeinkommens. Die Sozialabgaben trägt der Unternehmer. (12)

Fallbeispiele

Der Karstadt-Quelle Konzern hat im vergangenen Jahr 4.700 Vollzeit-Arbeitsverhältnisse abgebaut. Hilfen für die Gekündigten bot der Konzern durch zwei Beschäftigungsgesellschaften sowie durch die konzerninterne Stellenbörse. (2)

Als bei Nokia Ende letzten Jahres 300 Jobs in der Produktion wegfielen, wurde ein 15-Punkte-Hilfsprogramm entwickelt. Das Programm beinhaltete Angebote für andere Standorte, die Möglichkeit der Arbeitszeitreduzierung, attraktive Abfindungen oder die Qualifizierung durch ein Weiterbildungsprogramm in einer Auffanggesellschaft. (5)

Bei der Bankgesellschaft Berlin AG sollen bis zum Jahr 2005 300 Millionen Euro Personalkosten eingespart werden. Rund 4.000 der 15.000 Beschäftigten sollen das Institut verlassen. Es werden Abfindungen, Vorruhestandsregelungen,

Altersteilzeit, Teilzeit und natürliche Fluktuation angestrebt. Ein Fonds in Höhe von 17 Millionen Euro soll die Outplacement-Beratung sowie die Finanzierung einer Transfergesellschaft sicher stellen. (9), (14)

Die Wacker Chemie konnte 100 Millionen Euro Personalkosten ohne Personalabbau eingesparen. Bonuszahlungen wurden gestrichen, alle Beschäftigten verzichteten auf 5,14 % ihres Jahresgehalts, Kurzarbeit wurde eingeführt. (12)

Siemens ICM bot seinen Mitarbeitern im September letzten Jahres ein umfangreiches Timeout-Programm an. 250 Mitarbeiter haben inzwischen die Möglichkeit ergriffen, 3, 6, 9 oder 12 Monate Auszeit zu nehmen. Entsprechend der Länge der Abwesenheit wurde den Betroffenen 50, 40, 30 oder 20 Prozent ihres Bruttogehalts während der Abwesenheit vergütet. (12)

Auch bei der Bundesbank sollen innerhalb der nächsten fünf Jahre 1.000 Stellen abgebaut werden. Transfer in andere Aufgaben oder Vorruhestandsregelungen sollen den Arbeitsplatzabbau sozialverträglich gestalten. (15)

Weiterführende Literatur

(1) "Das Thema Kündigung wird tabuisiert"
aus Lebensmittel Zeitung 16 vom 19.04.2002 Seite 048

(2) Qualifikation statt goldener Handschlag
aus Lebensmittel Zeitung 16 vom 19.04.2002 Seite 048

(3) Wagner, Juliet, Sanfte Kündigung, Süddeutsche Zeitung SZ vom 11.05.2002, S. V1/27
aus Lebensmittel Zeitung 16 vom 19.04.2002 Seite 048

(4) Outplacement setzt sich in Betrieben nur langsam durch Gekündigte Mitarbeiter werden in Gruppen- oder Einzelcoachings auf den Bewerbungsprozess vorbereitet
aus WirtschaftsBlatt, 04.05.2002, Nr. 1616, S. E2

(5) Entlassen und den Schaden begrenzen Change-Management verlangt kühlen Kopf
aus Computerwoche, 26.04.2002, Nr. 17, S. 50-51

(6) Die Angst des Vorgesetzten vor dem Trennungsgespräch
aus Frankfurter Allgemeine Zeitung, 09.03.2002, Nr. 58, S. 69

(7) Feuern ohne Imageverlust
aus Lebensmittel Zeitung 12 vom 22.03.2002 Seite 085

(8) Wenn sichere Karrieren zu wackeligen Existenzen werden
aus Frankfurter Allgemeine Zeitung, 13.04.2002, Nr. 86, S. 65

(9) Personalkosten sollen bis 2005 um 300 Millionen Euro gesenkt werden Bankgesellschaft baut 4000 Stellen ab
aus Die Welt, Jg. 52, 11.04.2002, Nr. 84, S. 33

(10) Rettungs-Strohhalm
aus Kölner Stadtanzeiger, 12.04.2002

(11) Wie man den Arbeitsmarkt flexibler macht und Risiken für Beschäftigte vermindert Ein neues Konzept zielt darauf, Erwerbsformen wie Leiharbeit und befristete Jobs sozial verträglich zu gestalten / Von Berndt Keller und Hartmut Seifert
aus Frankfurter Rundschau v. 10.05.2002, S.12

(12) Alternativen zum Personalabbau Entlassungen? - Es geht auch anders
aus Computerwoche, 26.04.2002, Nr. 17, S. 12-13

(13) Brunner, Ingrid, Transfer in den nächsten Job, Süddeutsche Zeitung, SZ vom 16.03.2002, S. V1/19
aus Computerwoche, 26.04.2002, Nr. 17, S. 12-13

(14) Bank Berlin streicht 4000 Stellen
aus Frankfurter Allgemeine Zeitung, 02.04.2002, Nr. 76, S. 21

(15) Bundesbank-Reform kostet 1 000 Arbeitsplätze
aus Bonner General-Anzeiger, 15.06.2002, S. 25

Impressum

Trennungskultur

Bibliografische Information der deutschen Nationalbibliothek

Die Deutsche Nationalbibliothek verzeichnet diese Publikation in der deutschen Nationalbibliografie; detaillierte bibliografische Daten sind im Internet über http://dnb.d-nb.de abrufbar.

ISBN: 978-3-7379-0146-8

© 2015 GBI-Genios Deutsche Wirtschaftsdatenbank GmbH, Freischützstraße 96, 81927 München, www.genios.de

Alle Rechte vorbehalten. Dieses Werk ist einschließlich aller seiner Teile – z.B. Texte, Tabellen und Grafiken - urheberrechtlich geschützt. Jede Verwertung außerhalb der Grenzen des Urheberrechtsgesetzes bedarf der vorherigen Zustimmung des Verlags. Dies gilt insbesondere auch für auszugsweise Nachdrucke, fotomechanische Vervielfältigungen (Fotokopie/Mikroskopie), Übersetzungen, Auswertungen durch Datenbanken oder ähnliche Einrichtungen und die Einspeicherung und Verarbeitung in elektronischen Systemen.